Schluss mit Lustig
Aktuelle Satire aus der Türkei

SCHLUSS MIT LUSTIG
Aktuelle Satire aus der Türkei
Herausgegeben von Sabine Küper-Büsch
ISBN: 978-3-945034-74-3

Coverillustration: Mehmet Çağçağ

Alle Rechte vorbehalten
© 2017 für das Buch als Ganzes: avant-verlag, Berlin
© für die abgebildeten Werke bei den Zeichnern, sofern nicht anders vermerkt;
für die Texte bei der Autorin.

Der vorliegende Band entstand anlässlich der Ausstellung »caricatura 7 –
Schluss mit Lustig«
20.7. – 27.8.2017 in der Caricatura - Galerie für komische Kunst in Kassel in
Zusammenarbeit mit diyalog-derneği, Istanbul

Dieses Buch erscheint mit Unterstützung des Auswärtigen Amts, Berlin

Redaktion: Sabine Küper-Büsch, Martin Sonntag
Auswahl, Texte und Übersetzung: Sabine Küper-Büsch
Lektorat: Benjamin Mildner, Johann Ulrich
Satz, Layout und Umschlag: Tinet Elmgren
Special Thanks: Tan Cemal Genç, Thomas Büsch

avant-verlag | Weichselplatz 3-4 | 12045 Berlin
info@avant-verlag.de

Mehr Informationen & kostenlose Leseproben zu allen
unseren Büchern finden Sie online:
www.avant-verlag.de
facebook.com/avant-verlag

Sabine Küper-Büsch (Hg.)

Schluss mit Lustig
Aktuelle Satire aus der Türkei

avant-verlag

Sabine Küper-Büsch

Schluss mit Lustig
CartoonistInnen in der Türkei in Zeiten der Repression

Die zeichnerische Satire in der Türkei durchlebt dunkle Zeiten. Musa Kart, Cartoonist der oppositionellen Tageszeitung *Cumhuriyet*, wurde im November 2016 zusammen mit der halben Redaktion des Blattes verhaftet. Kart und den JournalistInnen wird vorgeworfen, gleich mehrere terroristische Vereinigungen zu unterstützen. Sowohl für die kurdische PKK als auch für die Bewegung des Islamistenführers Fethullah Gülen, in der Türkei FETÖ (Terrororganisation Fethullah Gülen) genannt, sollen sie Propaganda gemacht haben. „Als Zeichner habe ich gerade diese beiden Bewegungen immer wieder aufs Korn genommen", äußerte sich Kart vor seiner Festnahme.

Tausenden politischen Gefangenen wird momentan wegen Unterstützung von – oder gar Mitgliedschaft in – terroristischen Vereinigungen der Prozess gemacht. Seit dem Putschversuch vom 15. Juli 2016 herrscht der Ausnahmezustand. Willkürliche Festnahmen, unbegrenzte Untersuchungshaft und Einschränkung der Bürgerrechte sind seitdem Realität. Das Internet wird gefiltert, die Regierung beschäftigt eine Vielzahl von Trollen, die zu Propagandazwecken Internet-Nachrichten lostreten oder politische GegnerInnen mobben. Auch eine Werkstatt von Propaganda-ZeichnerInnen agitiert in den sozialen Medien. Die erste Zeichnung zeigt den im deutschen Exil lebenden Can Dündar als Chefredakteur von *Cumhuriyet*. In der Türkei wird er angeklagt, weil die Zeitung während seiner Zeit als Chefredakteur über Waffentransporte des türkischen Geheimdienstes an Dschihadisten in Syrien berichtet hatte. Das sei Verrat von Staatsgeheimnissen, meint die Staatsanwaltschaft. Die Nachricht an sich wurde nie dementiert.

Satirezeitschriften unter Druck

Tuncay Akgün, Chefredakteur der Satirezeitschrift *LeMan*, traute seinen Augen nicht, als er im Morgengrauen des 19. Juli 2016 durch die vielen eingehenden Tweets auf der Twitterseite der Zeitschrift von seinem Mobiltelefon geweckt wurde. In der Nacht hatte die Redaktion die erste Ausgabe nach dem niedergeschlagenen Putschversuch hergestellt. Hunderte von Hassnachrichten in den sozialen Medien reagierten auf ein Titelblatt zum gescheiterten Putsch, das Akgün an diesem

Abend geteilt hatte. Es zeigt zwei Hände, die Rekruten und eine aufgebrachte Menge aufeinander schieben. Die Zeichnung bezieht sich auf die Soldaten, die in der Nacht des Putsches mit Schießbefehl auf die Bosporus-Brücke geschickt worden waren und auf die Anhänger Erdoğans, die dem Aufruf des Präsidenten, den PutschistInnen auf der Straße entgegenzutreten, gefolgt waren.

„Todesdrohungen, Vergleiche mit *Charlie Hebdo*, gröbste Flüche. Ich war total perplex, der Titel entsprach für mich absolut einer angebrachten Reaktion auf das gerade Erlebte", erinnert sich Akgün an diese Nacht, in der anschließend die Polizei aufgebrachte DemonstrantInnen vom Gebäude der *LeMan*-Redaktion fernhalten musste. Gleich am nächsten Tag ließ die Staatsanwaltschaft Istanbul die gesamte Ausgabe von *LeMan* beschlagnahmen, da sie Hass in der Bevölkerung schüre.

Nach diesem Vorfall veränderte sich Grundlegendes für die SatirikerInnen. Seit dem vergangenen Sommer ist eine neue unantastbare Legende entstanden, berichten die MacherInnen der Satirehefte. Der Putsch, die Bedrohung durch PKK und FETÖ, die zentrale Rolle des Präsidenten als Garant für Stabilität, all das bildet einen heiligen Kanon als Grundlage für Erdoğans Vision von einer „Neuen Türkei", die er bis 2023, zum hundertsten Geburtstag der Republik, installieren will. Tuncay Akgün ist seit über dreißig Jahren Cartoonist. „Ich habe noch nie so viel Druck und Anspannung erlebt wie heute", betont er in der Redaktion der Zeitschrift *LeMan*. Sie liegt in einer Seitenstraße des Istiklal-Boulevards in der Nähe des Taksim-Platzes im Szene-Viertel Beyoğlu über dem *LeMan*-Café. Im März 2016 gab es in unmittelbarer Nähe einen Selbstmordanschlag des Islamischen Staates, bei dem fünf Menschen getötet und 39 schwer verletzt wurden. Früher waren die Arbeitsräume der ZeichnerInnen frei zugänglich, seit der Attacke auf die Redaktion im vergangenen Sommer mussten die CartoonistInnen sich absichern. „Selbst nach dem Militärputsch 1980 war die Situation nicht so repressiv", seufzt Tuncay Akgün. Die Redaktionen der führenden Zeitschriften *LeMan* und *Uykusuz* räumen ein, zuweilen Selbstzensur üben zu müssen. Manche Zeichnungen, die Akgün früher mit Freuden auf dem Titelblatt veröffentlicht hätte, versteckt er heute lieber im Innern des Heftes.

Gegen zwei Titelbilder der Zeitschrift *Uykusuz* wurden Ermittlungsverfahren eingeleitet. Sie waren vor dem Referendum zum Präsidialsystem veröffentlicht worden. Die Bescheide vom Gericht wurden der Redaktion just am Montag nach der Abstimmung zugestellt. Auf dem einen Cover wird eine tagesaktuelle Nachricht thematisiert: Die Polizei ging Anfang Februar mit Schlagstöcken gegen Studierende vor, die im Istanbuler Stadtteil Kadıköy Handzettel gegen das Präsidialsystem verteilt hatten. Die Staatsanwaltschaft prüft jetzt, ob sich die Zeitschrift strafbar gemacht hat. Der Tatbestand wird den Redaktionen nie mitgeteilt, nur die Ermittlungsverfahren hängen wie Damoklesschwerter über den kreativen Häuptern und beinträchtigen ihre Möglichkeiten freier Meinungsäußerung.

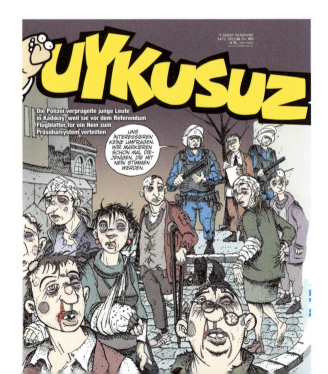

Früher war Erdoğan ein Dauerbrenner auf den Titelseiten der Satirehefte. Mittlerweile ist das riskant geworden. Selbst aufgrund eines harmlosen Hirtenwitzes wird gegen *Uykusuz* ermittelt.

Die Zeitschrift *Uykusuz* ist für ihren surrealistisch verrückten Stil bekannt, viele Comic-Serien vermitteln eine feine gesellschaftliche Kritik auf hohem Niveau. Das hilft auch dabei, die Schranken der Zensur nicht zu überschreiten. „Unsere Leser verstehen unsere Botschaften, aber für die Allgemeinheit sind sie oft nicht sofort sichtbar", erläutert Redakteur Memo Tembelçizer. Der Zeichner Uğur Gürsoy thematisiert die Dinge, über die man momentan in der Türkei nicht sprechen darf, etwa folgendermaßen:

Es geht um eine Kritik an der pauschalen Diabolisierung der früher mit der türkischen Regierung verbündeten Gülen-Bewegung. Als am 15. Juli 2016 der Putschversuch in der Türkei fehlschlug, machte die Regierung die Gülen-Bewegung dafür verantwortlich. Sie soll eigene Leute jahrelang in die Armee eingeschleust haben. Fethullah Gülen ist ein in den USA lebender Islamistenführer aus der Türkei. Seine Bewegung arrangierte sich jahrzehntelang mit verschiedenen Regierungen. So unterstützten sie auch jahrelang Erdoğans

"Partei für Gerechtigkeit und Entwicklung" (AKP). Ihre Leute im Sicherheitsapparat halfen bei der Entmachtung des kemalistischen Militärs. Die Gülen-Bewegung baute jahrzehntelang ein Imperium von Bildungseinrichtungen im In- und Ausland auf. Durch Stipendien, niedrige Schulgebühren und den Drill an ihren Schulen und Vorbereitungsschulen für die Universitätsaufnahmeprüfung, den sogenannten Dershane, zogen sie auch viele SchülerInnen außerhalb der Bewegung an. Fethullah Gülen propagiert die Fusion von Islam und Türkentum. Nach dieser in den Achtziger Jahren nach dem Militärputsch sich etablierenden Doktrin wird das türkische Islamverständnis als überlegen angesehen, es handelt sich um eine Vermischung religiöser und nationalistischer Elemente. Im Ausland wurde Türkisch als Sprache gefördert und regelmäßig jedes Jahr eine Türkisch-Olympiade veranstaltet, bei der auf Türkisch gedichtet, gesungen und deklamiert wurde. In Uğur Gürsoys Kolumne foppt die Giraffe den Abgänger einer Gülen-Schule. Der Afrikaner Khasef aus Tansania hatte 2002, als die türkische Regierungspartei AKP und die Gülen-Bewegung noch ein Herz und eine Seele waren, auf einer der von Fethullah Gülen ausgerichteten Türkisch-Olympiaden ein bekanntes türkisches Lied gesungen. „Auf dem Weg nach Üsküdar" ist der Refrain. Der Istanbuler Stadtteil Üsküdar ist die Hochburg der AKP. Das Lied könnte also im heutigen Kontext als FETÖ-Agitationslied aufgefasst werden. Dementsprechend erschreckt die Giraffe Khasef mit der Warnung, die türkische Anti-Terror-Einheiten seien ihm auf den Fersen. Bereits vor dem Putsch wurden die Dershane der Gülen-Bewegung in der Türkei verboten. Daraufhin entbrannte ein Machtkampf zwischen den religiösen Lagern, den die Gülen-Bewegung mit dem niedergeschlagenen Putsch-Versuch endgültig verlor. Alle Einrichtungen, darunter Schulen, Verlage und Wirtschaftsunternehmen, wurden geschlossen oder verstaatlicht. Die AnhängerInnen stehen unter dem Generalverdacht, TerroristInnen zu sein. Die gleichgeschalteten türkischen Medien werden massiv dafür eingesetzt, die Konspirationstheorien der Regierung im Bewusstsein der Bevölkerung zu verankern und den eigentlichen Machtkampf im Hintergrund zu verschleiern. Wie früher das Militär wird heute die Gülen-Bewegung für alle Menschenrechtsverletzungen der Vergangenheit verantwortlich gemacht. Es gibt ein Raster, nach dem die türkischen Ermittlungsbehörden Gülen-AnhängerInnen klassifizieren. Ein Aspekt ist der frühere Besuch einer Bildungseinrichtung der Bewegung. Im untersten Feld von Gürsoys Kolumne gerät ein Abgänger einer Gülen-Dershane in Panik, weil er seine Schulunterlagen nicht weggeworfen hat und glaubt, nun von der Polizei als Terrorist verhaftet zu werden. Einige Soldaten und Offiziere flohen vergangenes Jahr ins Ausland, weil die Regierung innerhalb der Armee Säuberungsaktionen durchführte. Die nach dem Putschversuch gefassten Offiziere wurden nach Berichten internationaler Menschenrechtsorganisationen misshandelt und im Fernsehen zur Schau gestellt. Darunter auch eine Marinespezialeinheit, die beim Fluchtversuch nach Griechenland gefasst wurde. Darauf bezieht sich der Witz über die Killer-Kommandos. Der Gewichtheber kommt – erkennbar an seiner Tarnkleidung – aus einem militärischen Umfeld oder sympathisiert mit dem Militär. Das Fernsehen ist live dabei, als die flüchtige Einheit im Abwasserkanal gefasst wird. Vorsichtig wird die mediale Inszenierung dieses Putsches thematisiert. Präsident Erdoğan wurde nach eigenen Aussagen von seinem Schwager telefonisch im Urlaub von dem Putschversuch unterrichtet, der in Istanbul mit der Besetzung einer der Bosporusbrücken durch Panzer begann. Auf diesen Vorfall spielt der Dialog mit dem Schwager an, der vor unvorhersehbaren Gefahren warnt. Uğur Gürsoy arbeitet in diesen Zeichnungen mit sehr viel versteckten Anspielungen auf Hintergründe der jüngeren türkischen politischen Geschichte. Auch die mit türkischer Innenpolitik vertraute Leserschaft ist gefordert. Doch gerade diese Art von Kritik ist in Zeiten der Zensur so wichtig, weil sie metaphorisch die allgegenwärtige Legendenbildung und Propagandapolitik selbst zum Thema macht.

Alle Satirezeitschriften leiden momentan an sinkenden Verkaufszahlen. Das liegt an einer Abwanderung kritischer LeserInnen zu den sozialen Medien, die schneller und oft leichter konsumierbar sind. Die Kontrolle der Regierung über die manipulierten Printmedien hält zudem LeserInnen fern, die früher beim Einkauf ihrer Tageszeitungen ebenfalls einmal in der Woche Satirehefte am Zeitungsstand kauften. Am dramatischsten sind die Einbrüche außerhalb der Metropolen Istanbul, Ankara und Izmir. Das liegt auch daran, dass in konservativeren Regionen sowohl VerkäuferInnen als auch die Vertriebsfirmen unter Druck gesetzt werden, keine Satirehefte unter die Leute zu bringen. Die Zeitschrift *Penguen* musste Ende April die Produktion des Heftes einstellen. Die regierungsnahe Redaktion von *Misvak* reagierte mit Häme.

DER PINGUIN ...

... KONNTE NICHT FLIEGEN!

Die anderen kämpfen tapfer ums Überleben, denn immer noch ist die Satire der mit großem Abstand innovativste Bereich der Medienlandschaft. Die Schwere der Repression motiviert die ZeichnerInnen in der Türkei, in Zeiten des politischen Umbruchs nicht einzuknicken. Das hat Tradition. Nach dem Militärputsch von 1980 etwa veröffentlichte der Zeichner Ali Ulvi Ersoy bei *Cumhuriyet* ein heute berühmtes Motiv. Die Sanduhr traf in Zeiten massiver Repression das Gefühl der Intellektuellen, dass die Zeit wieder einmal zum Stillstand komme und die Türkei an einer historischen Last trage, die in der politischen Entwicklungsgeschichte angelegt ist. Die zeichnerische Satire spielte dabei eine zentrale Rolle.

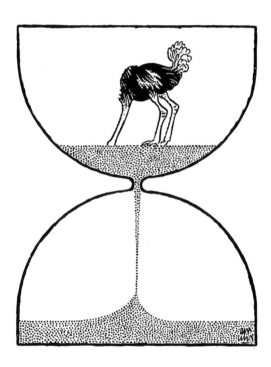

Die ewig Aufmüpfigen

Die zeichnerische Satire im Osmanischen Reich entstand, inspiriert von Einflüssen aus Europa, in der zweiten Hälfte des neunzehnten Jahrhunderts. Nach einer Reformphase, in der eine Vielzahl von Zeitungen und Zeitschriften in der Hauptstadt Istanbul erschien, restaurierte Sultan Abdülhamid II. (1842-1918) über 33 Jahre ein despotisches, von Zensur geprägtes Herrschaftssystem. Seine Absetzung durch die Jungtürken 1908 wurde von einer Flut von Karikaturen begleitet. Der Herrscher hatte eine Schwäche: Er mochte sein imposantes Riechorgan nicht und hatte zu Amtszeiten neben Begriffen wie Gleichheit, Freiheit und Brüderlichkeit auch die Verwendung des Wortes Nase durch die Zensur verbieten lassen. Ein unvergleichlich reizvoller Stoff für die Meister des spitzen Stiftes. Die Nase des Sultans avancierte zum Synonym für Machtmissbrauch und Rückständigkeit und machte die Satire zum Werkzeug des Fortschritts gegen den Mief der Vergangenheit.

Der türkische Präsident Recep Tayyip Erdoğan verehrt autoritäre Führergestalten. Da Mustafa Kemal Atatürk 1923 die Republik Türkei gründete und durch die Abschaffung von Sultanat und Kalifat einen Bruch mit der Tradition des religiös legitimierten Großreiches vollzog, gehört er nicht zu den bevorzugten Referenzen. Dafür ist Sultan Abdülhamid II. eines von Erdoğans Vorbildern. Auch Adolf Hitlers Nazideutschland lobte Erdoğan vor zwei Jahren als gelungene Form eines Präsidialsystems. Den Präsidenten als Diktator zu zeigen ist dementsprechend kein Tabu oder Stoff für die Zensur in der Türkei. Ein starker Führer ist das, was Erdoğan in seiner Bewegung sein soll.

Karikaturen spielen im politischen Kontext meist auf Schwächen an, vor allem auf die der Mächtigen. Nichts ist so komisch wie ein Kaiser ohne Kleider, denn Zepter und Gewand sind Teil der Pfeiler seiner Macht. Wie die Nase Abdülhamids II. treffen den türkischen Präsidenten Spott über die Dinge, die er selbst abscheulich findet. Musa Kart wurde 2005 als erster Zeichner verklagt, weil er Erdoğan als Katze gezeichnet hatte. Als dem Volksglauben zugeneigter Frommer empfindet der mächtigste Mann in der Türkei Tierdarstellungen als eine anmaßende Herabwürdigung seiner Person. Noch 2006 solidarisierten sich die ZeichnerInnen der Zeitschrift Penguen ungestraft mit Musa Kart. Das Titelbild „Tayyipler Alemi" ist besonders böse, denn es bezeichnet sowohl den „Tayyip-Zoo" als auch das „Universum des Tayyip". Die Zeichnung macht sich also über das Niveau der Religiosität des Politikers lustig. Der Begriff „Alem" ist im philosophischen Diskurs der Kosmos, die Welt. Alem ist aber auch ganz simpel das Wort für Zoo.

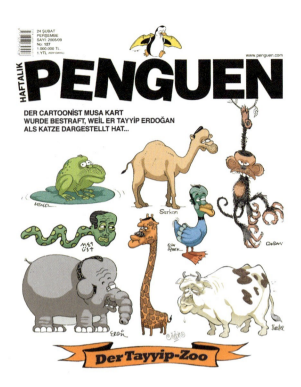

Alle oppositionellen Zeitungen druckten die Motive genüsslich nach, sodass die halbe Republik über Erdoğan als Affen und Elefanten lachte. Eine weitere Beleidigungsklage wurde mit der Begründung abgelehnt, dass sich die Zeichnungen in erster Linie auf das Thema Zensur beziehen. Doch diese goldenen Zeiten, als die türkische Justiz noch ein gewisses Maß an Unabhängigkeit besaß, sind leider vorbei.

Schluss mit Lustig

Kontexte wie der des Hirten mit seinen Schafen führen heute bereits zu Ermittlungsverfahren. Die Zukunft sieht alles andere als rosig aus. Denn mit knapper Mehrheit setzte sich im April 2017 durch einen Volksentscheid das Präsidialsystem durch. Trotz Kritik von internationalen BeobachterInnen wegen Manipulationen während der Wahl und einer Klage der oppositionellen „Republikanischen Volkspartei" (CHP) ist das Ergebnis unanfechtbar. Die von der islamisch-konservativen Regierungspartei dominierte Wahlkommission lehnte die Beschwerden einfach ab. Die schon zuvor nicht mehr existierende Gewaltenteilung in der Türkei wird jetzt offiziell abgeschafft. In Zukunft wird das Volk Präsident und Parlament gleichzeitig wählen. Aber wirkliche Macht wird nur dem Präsidenten übertragen, der Legislative, Exekutive und Judikative so klar dominiert, wie in keinem anderen Präsidialsystem weltweit. Der Präsident kann ohne Zustimmung des Parlaments per Dekret regieren. Der oberste Ausschuss von RichterInnen und StaatsanwältInnen wird von Präsident und Parlament bestimmt. Angesichts der Vielzahl von ideologisch geführten Prozessen in der Türkei eine fatale Entwicklung. Betroffen sind vor allem oppositionelle JournalistInnen, SchriftstellerInnen und AkademikerInnen, sowie Teile der pro-kurdischen politischen Bewegung. Schon jetzt nennt seine Anhängerschaft Erdoğan den „Reis", den Führer. Die machtlosen Gegner, immerhin die Hälfte der Bevölkerung, knirschen verzweifelt mit den Zähnen, allen voran die CartoonistInnen.

Erdoğan hatte nach dem Referendum verkündet, das Pferd galoppiere jetzt durch Üsküdar. Damit meinte er die politische Macht seiner Bewegung. Üsküdar ist ein historisches Viertel auf der asiatischen Seite Istanbuls, in der sich viele bedeutende Bauwerke aus osmanischer Zeit befinden. Erdoğan hat einen Wohnsitz im Bezirk Kısıklı. Die Zeichnung zeigt ihn hoch zu Ross und suggeriert gleichzeitig das Thema „Hochmut kommt vor dem Fall". Bauprojekte wie der Marmaray-Tunnel unter dem Bosporus und der dritte Flughafen stehen für das Wirtschaftswachstum in der Türkei, das von der türkischen Regierung vor allem durch eine auf Auslandsverschuldung fußende riskante Wirtschaftspolitik aufrechterhalten wird. Durch großzügige Kreditvergaben haben sich viele Familien in den vergangenen Jahren hoch verschuldet. Der Lebensstandard gerade vieler AKP-AnhängerInnen stieg, die Anhäufung von Schulden allerdings auch. 2003 war der damalige Ministerpräsident bei der Eröffnung einer Parkanlage im Istanbuler Stadtteil Bayrampaşa von einem Pferd gestürzt. In der Zeichnung wird dieses Pferd Cihan genannt. Das ist ein Männervorname, der gleichzeitig „Welt" bedeutet und in osmanischen Zeiten in der Redewendung der „Beherrscher der Welten" für die Sultane benutzt wurde.

Sie lassen sich nicht unterkriegen

Wie gehen die CartoonistInnen mit diesen dunklen Zeiten um? Das Kapitel „Im Rausch der Macht" zeigt vor allem zentrale Veröffentlichungen zum mächtigsten Mann im Staat. Das Kapitel „Weltgeschehen" thematisiert den Blick der ZeichnerInnen auf internationale Konflikte, die türkisch-europäischen Beziehungen und die Situation von MigrantInnen in Europa. Trotz großer Repression gelingt es den SatirikerInnen immer noch, die politischen Realitäten anschaulich bloßzustellen. In welcher Form, zeigt das dritte Kapitel „Die Neue Türkei". Der fortschreitenden Unterdrückung der Opposition wird nach der repressiven Niederschlagung der Gezi Proteste 2013 subtil begegnet. Analyse, Selbstkritik und der Versuch der Entwicklung neuer Utopien haben eine Vielzahl faszinierender Stile und Arbeiten innerhalb der zeichnerischen Satire inspiriert. Das Kapitel „Es geht weiter" veranschaulicht die Verarbeitung und Fortführung der Gezi-Proteste und ihrer zentralen Forderungen. „Osmania" beinhaltet den Blick der Satire auf die Geschichtsverklärung der regierungsnahen Kulturproduktion, und „Fantasia" zeigt einige der Perlen aktueller türkischer Comic-Kunst.

Kapitel 1.
Im Rausch der Macht

Der türkische Präsident Recep Tayyip Erdoğan herrscht bereits jetzt im Stile eines Sultans. Er opfert selbst Politiker aus der eigenen Bewegung zugunsten des persönlichen Machtgewinns.

Die zeichnerische Satire zeigt die Gefahren der Entwicklung dieses diktatorischen Systems offener als jedes andere Medium in der Türkei. Vor allem gelingt den ZeichnerInnen eine schnell greifbare Analyse komplexer Zusammenhänge durch eindeutige Metaphern.

Das Amt von Ministerpräsident Binali Yıldırım wird bei der Einführung des Präsidialsystems voraussichtlich 2019 wegrationalisiert werden. Bereits heute wirkt der Politiker, als bestehe seine einzige Mission darin, seine Treue zu Erdoğan zu demonstrieren. Der Zeichner Sefer Selvi zeigt ihn mit einem seligen Lächeln, er schwimmt in Anzug und Krawatte auf hoher See (S. 16), sein Rettungsring wird ihn nicht aus dem stürmischen Meer retten können. Das Machtgefüge innerhalb der islamisch-konservativen Bewegung ist das Hauptthema dieses Titelbildes der Satirezeitschrift *LeMan*. Es erschien vor dem Referendum im Frühjahr 2017. Machtkalkül der türkischen Führung und Opferbereitschaft der AnhängerInnen Erdoğans stellen die Pfeiler der Hierarchie innerhalb der AKP dar, die aber gleichzeitig durchaus von einer stürmischen See bedroht wird. Eine unterdrückte Opposition, Terrorgefahr und andere Faktoren können jederzeit einen Orkan heraufbeschwören, suggeriert die Zeichnung subtil. Das Ziel der Führung bleibt, vor allem den eigenen Kahn in ruhige Gewässer zu steuern.

Erdoğan mit Hitlerbärtchen darzustellen, ist kein Tabu in der Türkei (S. 15). Bereits Anfang Januar 2015, als die Debatten um das Präsidialsystem und entsprechende Verfassungsänderungen in der türkischen Nationalversammlung begannen, warnte der Zeichner Sefer Selvi vor der drohenden Allmacht des 2014 direkt vom Volk gewählten Präsidenten Erdoğan. Ganz im Rausch seiner Macht würdigte dieser ein paar Monate später ganz offen Hitler-Deutschland als ein effektives Präsidialsystem.

Aslan Özdemir und Kemal Aratan zitieren in ihrer Zeichnung ein berühmtes Foto, das Erdoğan 2015 auf der Treppe seines Präsidentenpalastes zeigte (S. 17). Neben und hinter ihm posierte die Palastgarde in Kostümen verschiedener türkischer Stämme. Dieses Foto wurde in den sozialen Medien so ausgiebig geteilt und verspottet, dass jedes Kind in der Türkei es kennt. Die Zeichner ersetzen die Garde mit Strafgefangenen, die während ihrer Haft an Krankheiten verstorben sind. Die Türkei wird von internationalen Menschenrechtsorganisationen immer wieder dafür kritisiert, Gefangene nicht ausreichend medizinisch versorgen zu lassen. Die Zeichnung kolportiert den Populismus des Präsidenten, der immer wieder die Gleichbehandlung aller BürgerInnen im Land als Grundlage seiner auf dem Volkswillen beruhenden Macht betont.

Das knappe Referendumsergebnis für ein Präsidialsystem und die Tatsache, dass in der Türkei seit dem Putschversuch von 2016 der Ausnahmezustand herrscht, relativiert diesen immer wieder bemühten Volksvertretungsanspruch. Die Abstimmung über eine entscheidende Veränderung des politischen Systems wurde unter Bedingungen eingeschränkter Bürgerrechte abgehalten. Die Satirezeitschriften thematisieren diesen Widerspruch immer wieder. Haydar Işık karikiert im April 2017 eine Lokalnachricht bei *LeMan* (S. 18). Aus einem Teehaus werden Gäste von der Polizei verhaftet, die dem im Fernsehen allgegenwärtigen Erdoğan nicht zuhören wollten. *Uykusuz* zeigt auf einem Titelbild im März 2015 Erdoğan als Zahnarzt (S. 19). Ein Zahnarzt war kurz zuvor im türkischen Denizli festgenommen worden, weil er aus dem Fenster seiner Praxis eine wegwerfende Handbewegung in Richtung des vorbeifahrenden Präsidenten-Konvois gemacht hatte. Die Opposition darf ihre Geisteshaltung mittlerweile nicht mal mehr in den eigenen vier Wänden ungestraft kundtun.

Viele BürgerInnen der Türkei bedrückt mittlerweile die Zuwanderung von Flüchtlingen aus den Kriegsgebieten der Nachbarstaaten. Dazu haben die meisten bereits die Hoffnung verloren, selbst jemals ohne Visum nach Europa reisen zu können. Cihan Ceylan verspottet diese Haltung, indem er sie in J.R.R. Tolkiens Mittelerde versetzt und den Zauberer Gandalf vehement gegen Visumsfreiheit plädieren lässt (S. 18).

Tuncay Akgün und Kemal Aratan problematisieren im Oktober 2015 auf der Titelseite von *LeMan*, dass Angela Merkel Erdoğan kurz vor den umstrittenen zweiten Parlamentswahlen in der Türkei einen Besuch abstattete, um im Präsidentenpalast den Flüchtlingsdeal zu besiegeln (S. 20). Damit legitimierte sie trotz der massiven Unterdrückung der Opposition und trotz bedrückender Berichte über Missbrauch in türkischen Flüchtlingslagern außenpolitisch die Türkei. Die Zeichnung zitiert eine von der türkischen Regierung geschickt eingefädelte mediale Inszenierung. Beide PolitikerInnen thronen in merkwürdiger Zweisamkeit beim Fototermin nebeneinander, Erdoğan wirkt gönnerhaft, Merkel irritiert.

Der Zeichner Sefer Selvi kolportiert im März 2017 eine Stellungnahme des türkischen Justizministers Bekir Bozdağ, der behauptete, die Festnahme des Korrespondenten der deutschen Tageszeitung Die Welt, Deniz Yücel, habe keinen politischen Hintergrund (S. 21). Der Journalist stellte sich den türkischen Behörden kurz nach einem erneuten umstrittenen Staatsbesuch von Angela Merkel in Ankara im Februar 2017. Bei den politischen Gesprächen auf höchster Ebene war es auch um die Situation der Pressefreiheit, aber vor allem um den Flüchtlingsdeal gegangen. Die türkische Seite, so suggeriert Selvi in seiner Zeichnung, benutzt den Fall Yücel als Retourkutsche für die Ermittlungen gegen türkische Geheimdienstmitarbeiter in Deutschland, darunter auch von der türkische Regierung entsandte Imame.

LeMan Titelbild, 2017

Im vergangenen Jahr sind 40 kranke Häftlinge in den Gefängnissen gestorben.

Aslan Özdemir, Kemal Aratan, *LeMan* 2017

Aus einem Teehaus wurden Gäste auf die Polizeiwache abgeführt, weil sie Erdoğan nicht zuhören wollten …

Haydar Işık, Kemal Aratan, 2017

Cihan Ceylan, Uykusuz, 2007

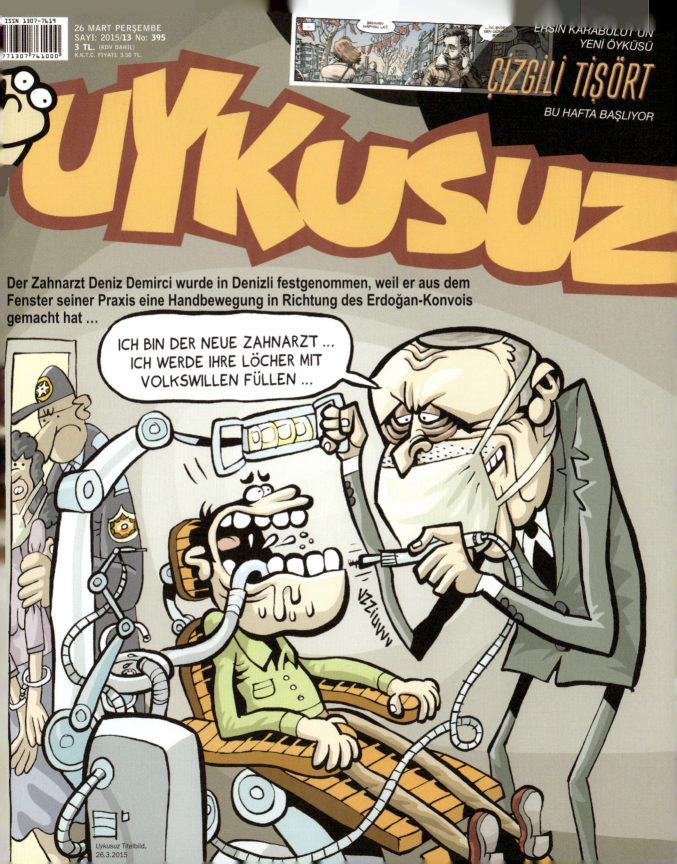

Justizminister: Die Verhaftung von Deniz Yücel hat keinen politischen Hintergrund.

Sefer Selvi, *LeMan* 2017

Kapitel 2.
Weltgeschehen

Im April 2017 diente Europa vor dem Referendum zur Abstimmung über das Präsidialsystem in der Türkei als unfreiwilliger Nebenschauplatz des Wahlkampfes. Der türkischen Familienministerin Fatma Betül wurde sowohl in Deutschland als auch in den Niederlanden ein Auftritt auf entsprechenden Veranstaltungen verweigert. Die niederländische Polizei setzte Wasserwerfer und Hundestaffeln gegen DemonstrantInnen ein, die gegen dieses Verbot protestierten. In den türkischen staatlich kontrollierten Medien wurde der Vorfall ein zentrales Wahlkampfthema (S. 25, 26). Viele Menschen mussten aufgrund der Fernsehbilder den Eindruck gewinnen, dass es die türkische Ministerin gewesen sei, die von Hunden aus Rotterdam gehetzt worden war. Die SatirikerInnen kommentierten diese Eskalationen als gezielte Wahlkampftaktik. Aslan Özdemir und Tuncay Akgün setzen Erdoğan, seine Ehefrau Emine, Außenminister Mevlüt Çavuşoğlu und Ministerpräsident Binali Yıldırım als blinde Passagiere in die Reifen einer KLM-Maschine, um auf geheimer Mission Stimmen für das Präsidialsystem zu werben (S. 26).

Die Beziehungen zwischen der Türkei und Europa inspirieren die CartoonistInnen seit Jahrzehnten. Der legendäre Chefredakteur der Satirezeitschrift Gırgır, Oğuz Aral, zeigte Ende der Achtziger Jahre an verschiedenen Orten in Deutschland eine Ausstellung von ZeichnerInnen aus der Türkei. Şevket und Gani suggerierten bereits damals eine stille Toleranz gegenüber neofaschistischer Ausländerfeindlichkeit in der deutschen Justiz (S. 27).

Nach dem Putschversuch in der Türkei steigt die Zahl türkischer Emigranten nach Europa. Einige Intellektuelle versuchen dem wachsenden politischen Druck auf Medien und Universitäten durch die Jobsuche im Ausland zu entgehen. Eine Abwanderung der progressiven Bevölkerungsschichten wird von vielen Oppositionellen mit Sorge verfolgt. Sönmez Karakurt baut in seine Comic-Serie „Ortam" einen Ausflug nach Kopenhagen ein (S. 28). Der neureiche, weitgereiste und geschäftstüchtige Angeber Tolga überlässt seinen Kumpel Koray in der ungewohnten Umgebung seinem Schicksal. Auf der Suche nach einem warmen Platz, Unterhaltung und gutem Essen gerät der Protagonist in eine Krise und verspürt bitteres Heimweh. Eine Persiflage auf Eigen- und Fremdwahrnehmung. Sowohl die verbreitete Verklärung Europas als auch der grassierende Lokalpatriotismus in der Türkei sind hier die Hauptthemen. Gleichzeitig werden kleine Seitenhiebe auf die Korruption in der Türkei und die Auswirkungen des globalen Kapitalismus in die Handlung eingeflochten.

Behiç Peck widmete im Frühjahr 2017 eine ganze Seite in *LeMan* dem Leid der türkischen Tourismusindustrie. Neben dem geschäftlichen Einbruch leiden viele Menschen in der Türkei unter der verstärkten Isolation des Landes (S. 31).

Der in Istanbul geborene Cartoonist Hayati Boyacıoğlu lebt seit über dreißig Jahren in Deutschland und beschäftigt sich sowohl mit deutscher als auch mit türkischer und internationaler Politik. Einer seiner Schwerpunkte ist das Thema Rassismus und die Integrationsdebatte. Er nimmt die Gefahr von ausländerfeindlichen Brandanschlägen, aber auch die von breiten Bevölkerungsschichten in Deutschland getragene Ignoranz hinsichtlich der real fortschreitenden Integration von MigrantInnen aufs Korn. Die Zeichnung „Gruß" thematisiert subtil den Antagonismus von Fremdenhass und dem steigenden Selbstbewusstsein von MigrantInnen, durch die Forderung nach mehr Toleranz zu fundamentalen Stützen der bundesdeutschen Demokratie zu werden (S. 32).

Flucht und Vertreibung wird in der türkischen Satire als Folge fremdverursachter Kriege interpretiert. Die Krise im Irak und in Syrien resultierte demnach vor allem aus der Eskalation der politischen, ethnischen und religiösen Konflikte in Folge der Intervention der USA und Großbritanniens 2002, zweier Länder, die heute besonders wenige oder gar keine Flüchtlinge aufnehmen (S. 34). Auch die Türkei ist mittlerweile ein starker Akteur in der internationalen Machtpolitik. Der Kampf gegen den IS und die Flüchtlingskrise sind die außenpolitischen Trümpfe von Präsident Erdoğan (S. 33, 35).

Die türkischen SatirikerInnen solidarisieren sich vor allem mit den Opfern. Das Bild eines ertrunkenen Kindes motivierte Europa 2015 zu einer kurzzeitigen Phase großzügigerer Flüchtlingsaufnahme. Mittlerweile dominiert die Politik der Elendsverwaltung an den Außengrenzen der EU (S. 37 ff).

Cengiz Üstün thematisiert in seiner surrealistischen Kolumne „Tribal Enfeksyon" in der Zeitschrift *Uykusuz* wöchentlich die Globalisierung von Unmenschlichkeit, Gewalt und Zynismus (S. 42). Ein fortlaufendes Thema darin sind z.B. „Die Abenteuer in der WG von zwei Staatsbeamten". Die Serie nimmt die rassistischen Tendenzen und pseudo-modernistischen Haltungen von Teilen der kemalistischen Elite aufs Korn. In dieser Episode ist die jahrzehntelange Verachtung für die anatolische Landbevölkerung das Thema. Nach Ansicht vieler Oppositioneller in der Türkei haben diese Dynamiken dem Aufstieg der islamisch-konservativen Bewegung den Boden geebnet. Afrikaner im Gangster-Milieu des Istanbuler Rotlichtviertels Tarlabaşı, Mr. No als Rentner und der Dialog mit Bruder Gorilla bilden die Motive einer feinsinnigen Globalisierungskritik, die die Türkei als Akteur mit einschließt.

Jetzt reicht's. Als Strafe müsst ihr die Arbeitsstelle von dem Türken übernehmen, den ihr gerade umgelegt habt!

Haydar Işık, Kemal Aratan, *LeMan*, März 2017

Haydar Işık, Tuncay Akgün, *LeMan*, April 2017

Aslan Özdemir, Tuncay Akgün, *LeMan*, März 2017

INTEGRATIONALE BLABLA...

Hayati Boyacıoğlu, *Die Brücke*, 1995

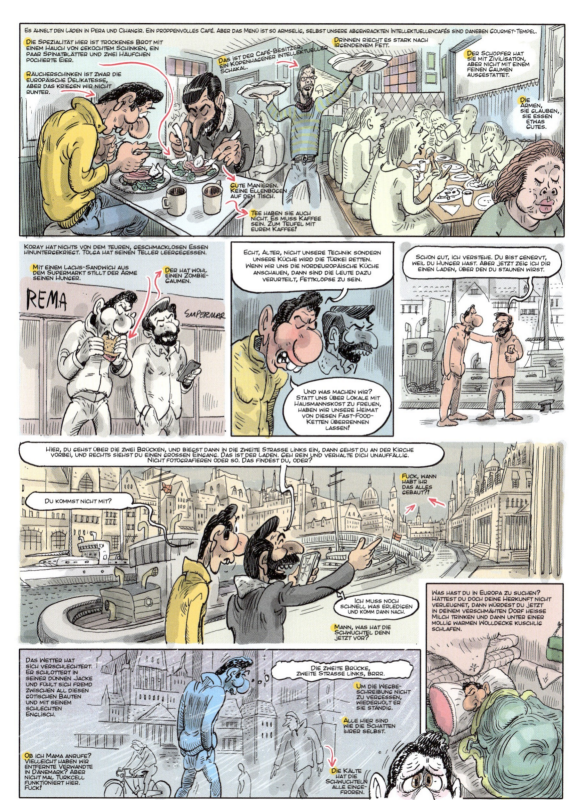

Bülent Üstün, 2017

Bülent Üstün, 2017

Behiç Pek, *LeMan*, 2017

Behiç Pek, Tuncay Akgün, *LeMan*, 2017

Hayati Boyacıoğlu, *Die Brücke*, 1993

Hayati Boyacıoğlu, *Die Brücke*, September 1991

Behiç Pek, *LeMan*, 2017

Mehmet Çağçağ, Weltuhren

Cemil Cavit Yavuz, Ot Dergisi, September 2015

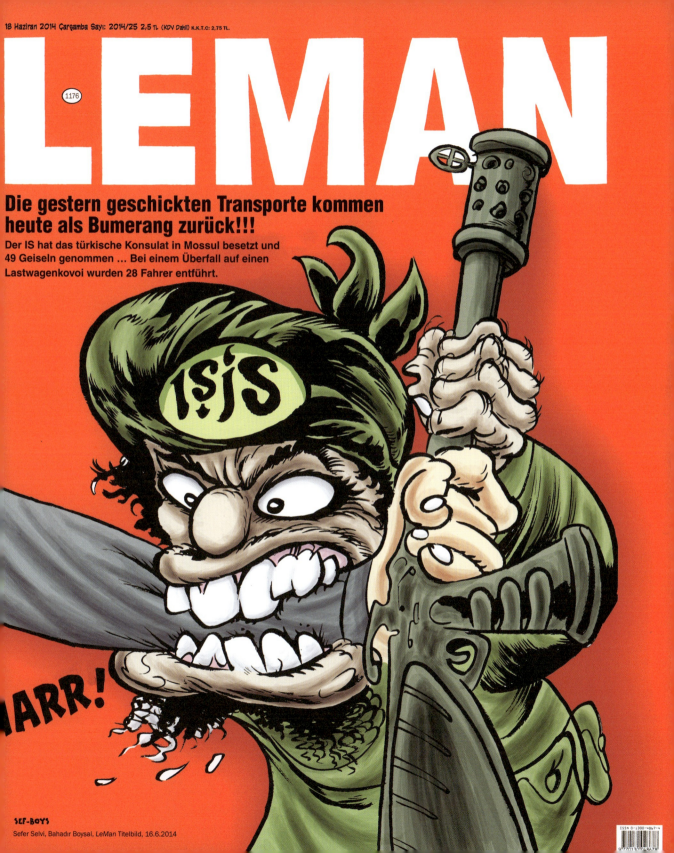

Der Westen erwartet Selbstkritik von der islamischen Welt

Behiç Pek, *LeMan*, 2017

Behiç Pek, *LeMan*, 04.06.2017

Murat Başol, *Birgün*, 6.9.2015

Erdal Belenlioğlu, Ersin Karabulut, *Uykusuz*, 02.02.2017

Devrim Kunter, New World Order, 2016

Feyhan Güver, *Bayan Yanı*, Titelbild, Januar 2017

Cengiz Üstün, *Uykusuz*, 2017

Kapitel 3.
Die neue Türkei

Bis 2023, dem hundertsten Jahrestag der Republik, will Präsident Recep Tayyip Erdoğan seine Vision einer neuen Türkei umsetzen. Ein neues politisches System soll von einer starken Wirtschaft und einer staatstreuen, frommen jungen Bevölkerung getragen werden. Seit der gewaltsamen Niederschlagung der Gezi-Proteste im Jahre 2013 schreitet die Polarisierung der Bevölkerung voran. Erdoğans AnhängerInnen schwärmen von Stabilität und Wohlstand, seine GegnerInnen zittern vor der Zensur und der unbarmherzigen Strafverfolgung Andersdenkender. Eine repressive Minderheitenpolitik, die Zensur der Medien und die staatliche Kontrolle über die Zivilgesellschaft kennzeichnen die neue Türkei.

Die Zeichnung von der Maus, die verbotene Bücher gefressen hat, erschien nach dem Septemberputsch von 1980 in der Satirezeitschrift *Gırgır* (S. 48). Chefredakteur Oğuz Aral schulte damals eine neue Generation junger ZeichnerInnen darin, eigene Figuren zu erschaffen. Es handelte sich in der Mehrzahl um junge AbsolventInnen der Kunsthochschule, die aus allen Teilen des Landes zur künstlerischen Ausbildung nach Istanbul strömten. Sie alle hatten die eskalierende Gewalt an den Schulen und Universitäten der Siebziger Jahre miterlebt. Linke und rechte Denkströmungen bekämpften sich, nach dem Putsch wütete die Militärjunta erbarmungslos. Studierende wurden oft nur aufgrund des Besitzes verbotener Bücher als Terroristen verhaftet.

Die Cartoonisten Bahadır Baruter und Özer Aydoğan wurden im März 2015 zu elf Monaten Haft verurteilt. Sie hatten ein Titelbild gestaltet, auf dem Erdoğan sich über die schlichte Begrüßung bei seinem Einzug in den neu gebauten Präsidentenpalast beklagt und bemängelt, dass zu dem Anlass doch zumindest ein Journalist hätte geschlachtet werden können. Der Palastangestellte bildet gleichzeitig mit Daumen und Mittelfinger einen Kreis. Das Gericht wertete nicht die Kritik an der Verfolgung von Journalisten, sondern die Handbewegung als ein angebliches Zeichen für Homosexualität als Präsidentenbeleidigung.

Die Haftstrafe wurde in eine Geldstrafe auf Bewährung umgewandelt. Beiden droht im Falle einer Wiederholung ihrer Tat das Gefängnis. Bahadır Baruter produzierte nach seiner Verurteilung eine ganze Reihe düsterer zeichnerischer Kommentare über die Unfreiheit von CartoonistInnen und anderer Intellektueller im Land. Der Arm des Zeichners versinkt etwa in seinem Pult wie in einem unheilvollen See gefährlicher Fantasien, die sein Verderben sein können. Oder er hängt ihn in einem Leichensack über einen Schreibtisch mit Zeichenutensilien (S. 49).

Das Attentat auf die französische Satirezeitschrift *Charlie Hebdo* im Januar 2015 löste bei den türkischen CartoonistInnen große Trauer aus und führte zu breiten Solidaritätsbekundungen. Einige Zeitschriften erschienen mit schwarzen Titeln. Doruktan Turan illustrierte in *Penguen*, wie grauenhaft unverhältnismäßig und unberechenbar die Spirale der Gewalt sei. Ein 2016 von einem regierungsnahen Thinktank publizierter Bericht über die Satirehefte kritisierte diese Solidarität als einseitig, weil die ZeichnerInnen zuvor nicht die angeblich islamophoben Zeichnungen der französischen KollegInnen kritisiert hätten (S. 50).

Der heutige Chefredakteur der Zeitschrift *LeMan*, Tuncay Akgün, entwickelte die Figur des mürrischen Bekir als junger Zeichner bei *Gırgır*. Bekir ist ein enttäuschter Altachtundsechziger. Am liebsten hockt er mit seinen Katzen in einem Lehnsessel seines Wohnzimmers am warmen Ofen und sinniert.

Er verabscheut Gewalt und ist eine von Grund auf pazifistische Seele. Nur wenn es darum geht, für soziale Gerechtigkeit, Menschen- und Tierrechte einzutreten, ist Bekir zur Stelle und zieht los, um friedlich zu demonstrieren. Im Grunde entspringt die Figur einer Utopie, die sich während der Gezi-Proteste 2013 erfüllte, sagt Akgün heute. In seiner Zeichnung lässt er Bekir von Anti-Terror-Spezialeinheiten zu Hause festnehmen (S. 50). Die Darstellung reflektiert die Tatsache, dass Oppositionelle oft am frühen Morgen ganz unvermittelt aus ihren Wohnungen geholt und verhaftet werden. Bekirs Sessel wird schließlich von der Polizei versiegelt. Eine Metapher für die momentane Praxis, Oppositionelle mit fortlaufenden Ermittlungen und Prozessen mundtot zu machen, ihnen also keine eigenen Ausdrucksmöglichkeiten zu lassen. So wie Bekir seinen Lehnstuhl braucht, ist für die CartoonistInnen ihre Zeichenwelt essentiell.

Der Zeichner Cem Dinlenmiş thematisiert in seiner in der Zeitschrift *Penguen* erscheinenden Zeichenkolumne „her şeyolur" („hier ist alles möglich") phantasievoll die düsteren Seiten der neuen Türkei (S. 51). Der Karikaturist Musa Kart wurde im Rahmen der allgemeinen Hetzjagd auf oppositionelle Medien mit anderen Kollegen von der Tageszeitung *Cumhuriyet* im Oktober 2016 zur Fahndung ausgeschrieben und stellte sich der Polizei. Vorher erklärte er Kollegen gegenüber, er fühle sich selbst als Teil einer Realsatire. Den Journalisten von *Cumhuriyet* wird pauschal vorgeworfen, Propaganda für Organisationen wie die PKK und die FETÖ (die angebliche Terrororganisation der Gülen-Bewegung) betrieben zu haben (S. 53).

Hayati Boyacıoğlu thematisiert, dass die Macht des Präsidenten auf der Unterdrückung der Opposition und der Kontrolle der Medien beruhe (S. 52). Yiğit Özgür spottet über die komplette Willkür innerhalb der Gerichtssäle und der inflationären Zunahme von Terrorverdächtigen (S. 52). Nach dem gescheiterten Putschversuch wurde eine polizeiliche Hotline für die BürgerInnen eingerichtet, um Terrorverdächtige zu melden. Sefer Selvi thematisiert die willkürliche Ab- und Einsetzung von RichterInnen und StaatsanwältInnen in politisch motivierten Prozessen wie den gegen den ehemaligen Chefredakteur von *Cumhuriyet*, Can Dündar und den Chef der Ankara-Redaktion der Zeitung, Erdem Gül (S. 56).

Die Realität des Ausnahmezustands manifestiert sich in dem vor allem von Kurden bewohnten Südosten der Türkei besonders repressiv. Sefer Selvi macht sich über die verschiedenen Methoden lustig, mit denen die Regierungspartei vor dem Referendum zum Präsidialsystem versuchte, die WählerInnen dort an der Abgabe von Nein-Stimmen zu hindern (S. 52). Die internationalen WahlbeobachterInnen kritisierten vor allem die Präsenz von regierungstreuen „Dorfschützern" in den Wahllokalen des Südostens. In der offiziellen Begründung hieß es, die PKK müsse daran gehindert werden, die Wahlen zu manipulieren.

Die Zeichner Doğan Güzel und Ender Özkahraman stammen beide aus der südostanatolischen Metropole Diyarbakır. Özkahraman thematisiert in seiner Zeichnung „Dunkelkammer" die hermetische Abschottung der Realitäten im Südosten der Türkei vom Rest des Landes (S. 56). Doğan Güzel zeichnet seit Jahren die Serie Qiriz, einen Comicstrip über das Leben von jungen Leuten in Diyarbakır (S. 54). Er gehörte im Sommer 2016 ebenfalls zu den Festgenommenen aus der Redaktion der wegen „PKK-Propaganda" geschlossenen Tageszeitung *Özgür Gündem*, wurde mittlerweile aber wieder aus der Untersuchungshaft entlassen. Galip Tekin würdigte ihn parallel mit anderen inhaftierten SchriftstellerInnen, JournalistInnen und ZeichnerInnen auf einem Titelbild von *Uykusuz* zur Istanbuler Buchmesse 2016 (S. 55).

Cem Dinlenmiş thematisiert die massive Gewalteskalation in südostanatolischen Städten wie Cizre, Nusaybin und Diyarbakır. Während in den meisten türkischen wie internationalen Medien stets von Kämpfen zwischen der PKK und den Sicherheitskräften berichtet wurde, starben vor allem ZivilistInnen durch die unmenschlich rabiate Durchsetzung der wochen- und monatelangen Ausgangssperren. Die Bevölkerung dort wurde weder versorgt, noch evakuiert oder gar für den Verlust ihrer Häuser durch den Straßenkampf entschädigt (S. 54).

Der armenisch-türkische Zeichner AretGıcır thematisiert das Verschwinden zahlloser Kirchen nach Vertreibung der christlichen Minderheiten in Anatolien. Vor allem in Dörfern und Kleinstädten wurden sie vielfach in neue Wohnräume oder Ställe umfunktioniert (S. 57). Nach einer Zeit der Annäherung herrscht zwischen Armenien und der Türkei mittlerweile wieder diplomatische Eiszeit. Die Türkei erkennt nach wie vor keinen Völkermord an den Armeniern im Osmanischen Reich an, macht aber hinsichtlich des Vermögens armenischer Stiftungen in der Türkei mittlerweile Zugeständnisse. AretGıcır nutzt die Zeremonie des Teeanbietens, um die Unverhältnismäßigkeit dieser Politik zu kritisieren. Statt eine öffentlich zugängliche Kirche als Teil des eigenen Kulturerbes besuchen zu können, wird den armenischen Besuchern Tee trinken auf beschlagnahmtem Gelände angeboten. Die Kritik gilt nicht dem Bauern, der hier bescheiden einer lokalen Höflichkeitsgeste folgt, sondern dem türkischen Staat.

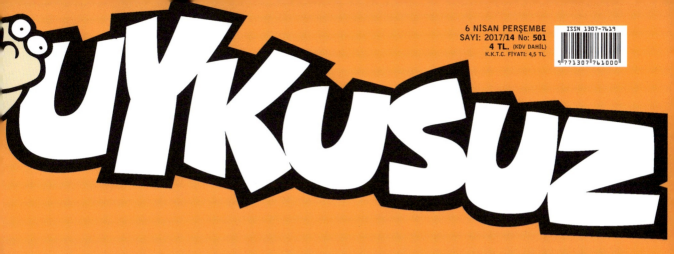

Gırgır, 80er Jahre

İzel Rozental, Şalom, 24.8.2016

Bahadır Baruter, 2017

Bahadır Baruter, 2017

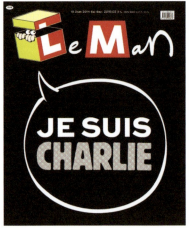

LeMan Titelbild, 13.01.2015

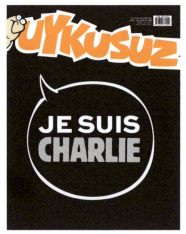

Uykusuz Titelbild, 13.01.2015

Tuncay Akgün, *LeMan*, 2017

Cem Dinlenmiş, *Penguen*, November 2016

Doruktan Turan, *Penguen*, 2015

Hayati Boyacıoğlu, Presseunfreiheit, *Toonpool*, 2017

Yiğit Özgür, *Uykusuz*, 2017

Haydar Işık und Tuncay Akgün, *LeMan* 2017

Yiğit Özgür, *Uykusuz*, 2017

Der als Treuhänder eingesetzte kommissarische Oberbürgermeister von Van, İbrahim Taşyapan, hat 93 Rollstühle wieder eingezogen, die Behinderten zur Verfügung gestellt worden waren.

Sefer Selvi, *LeMan*, April 2017

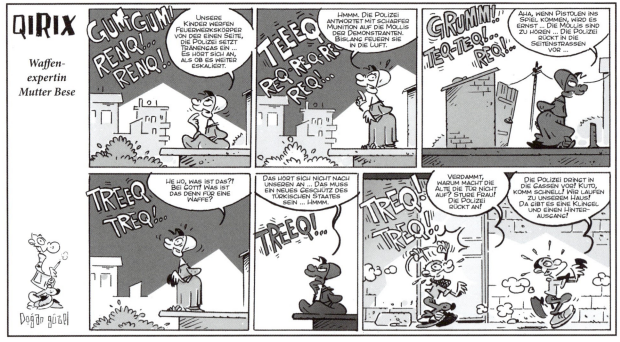

Doğan Güzel, Özgür Gündem, 2016

Cem Dinlenmiş, Penguen, September 2015

Galip Tekin, Erdal Belenlioğlu, Titelbild *Uykusuz*, 10.10.16

Die Zeitschrift veröffentlichte dieses Titelbild parallel zur Buchmesse in Istanbul-Silivri. Auf den Schildern wird auf fiktive Aktivitäten inhaftierter Schriftsteller, Cartoonisten und Journalisten hingewiesen. Vorn liest Berkin Elvan, das jüngste Todesopfer der Gezi-Proteste, in einem Buch. Galip Tekin steht traurig hinter ihm, er hält ein Buch mit den Reden von Staatsgründer Mustafa Kemal Atatürk in den Händen.

Ender Özkahraman, 2017

Vierzig Stunden vor Beginn des Prozesses gegen Can Dündar und Erdem Gül wurde der Staatsanwalt ausgewechselt.

Sefer Selvi, *Bir Gün*, 2016

Aret Gıcır, 2015

Serkan Altuniğne, *Penguen*, 2017

Fatih Solmaz, Bahadır Baruter, *Lombak*, 2014

Kapitel 4.
Es geht weiter ...

Noch nie hat sich die Polarisierung der politischen Meinungen in der Türkei so stark gezeigt wie vor dem Referendum zum Präsidialsystem im April 2017, einer Wahl zwischen „Ja" oder „Nein". Die CartoonistInnen unterstützten wochenlang die „Nein"-Kampagne der Opposition, sie trotzten Ermittlungsverfahren durch die Staatsanwaltschaft und demonstrierten Inhaltsstärke und politischen Mut. Der knappe Sieg für das Präsidialsystem stellt eine Zäsur dar. Die Regierung hatte nur mithilfe ihrer Macht eine Mehrheit durchsetzen können. Die kreative Opposition ist unter diesen Bedingungen zwar strukturell schwach aber nichtsdestotrotz sehr motiviert. „Es geht weiter" war in einem Wahlkampf der Slogan der Islamisch-Konservativen. Er wird in der zeichnerischen Satire immer wieder aufgegriffen, kolportiert und weist gleichzeitig in Richtung einer vielleicht eines Tages möglichen, produktiven Koexistenz der heute verfeindeten Lager.

Das Referendum und seine Auswirkungen, aber auch die Gezi-Proteste und ihre Nachwehen beschäftigen die CartoonistInnen intensiv. Sie versuchen das Bestehende zu analysieren und neue Perspektiven und Utopien zu entwickeln. Tagesaktuelle Zeichnungen, abstrakte Metaphorik, die Entwicklung schrulliger Biotope und biografisch gefärbte Graphic Novels zeigen ein einmaliges Potential jenseits der realpolitischen Spaltungen.

Erdil Yaşaroğlu und Selçuk Erdem widmen sich in der Zeitschrift Penguen absurden Allegorien aus der Tierwelt. Der Fisch im offenen Glas auf dem Meeresgrund und die auf dem Rücken liegende Schildkröte, die glaubt, fliegen zu können, verkörpern ein uraltes Motiv (S. 62). Den Versuch, ein Dilemma im Kleid des Absurden zur Entwicklung von Utopien zur Überwindung realer Konflikte zu nutzen.

Zentrale Mechanismen wie Zensur, Gewalt an Frauen und die zunehmende ökologische Zerstörung der Metropole Istanbul haben in der Türkei ein solch quälendes Ausmaß erreicht, dass die CartoonistInnen in ihrer Bildsprache surrealistische Absurdität bevorzugen oder bizarre AntiheldInnen entwerfen. Mehmet Çağçağs Zeichnung „Prügelpuppe" zeigt einen kleinwüchsigen Boxer an einem überdimensionalen Sandsack, der die Züge einer verprügelten Frau trägt (S. 62). In Korrespondenz mit dem Titel „Prügelfrauen" ist der Sandsack ein Objekt der testosterongeladenen Aggression eines kleinen Würstchens. Die zunächst eindeutig erscheinende Arbeit hat einen komplexen Kontext. In der Realität steigt die Anzahl von Opfern häuslicher Gewalt in der Türkei, obwohl sie gesamtgesellschaftlich verurteilt wird. Der kleine Boxer steht in dem Zusammenhang auch für das Versagen der männlich dominierten Politik.

Murat Başol zeichnete eine junge Frau, die mit ihrem sommerlichen Outfit und dem Halstuch vor dem Gesicht eine Demonstrantin der Istanbuler Gezi-Proteste sein könnte (S. 63). Die überdimensionale Figur schwebt hustend über einer verstopften, von Abgasen verqualmten Bosporus-Brücke. Ihre Silhouette wird in einem verspiegelten Wolkenkratzer reflektiert, der gerade im Schatten einer historischen Moschee zusammenstürzt. Diese Motive zeigen ein Chaos der Realitäten, ohne Hoffnungslosigkeit zu verströmen. Sie transportieren einen Subtext, der nach vorne weist. Auch wenn die Gezi-AktivistInnen – ganz vorne waren junge Frauen bei den Protesten – mit Gewalt von öffentlichen Plätzen vertrieben wurden, so bestehen die Probleme, gegen die sie sich auflehnten, weiterhin. Die Metropole Istanbul platzt aus allen Nähten. Die Kurdenkrise und die fehlenden wirtschaftlichen Möglichkeiten in vielen Teilen der Türkei treiben täglich hunderte NeubürgerInnen in die Stadt. Erdoğan weihte im vergangenen Jahr die dritte Bosporus-Brücke ein, die Baustelle des dritten Flughafens zerstört gerade den letzten Wald am Schwarzen Meer. Das zusammenstürzende Hochhaus steht für die Vergänglichkeit des durch den Bauboom künstlich erzeugten Wirtschaftswachstums, die junge Frau schwebt wie eine kassandrische Verheißung über dem Bild. Als wollte sie hustend sagen: „Ich habe es euch doch gesagt!"

Behiç Pek thematisiert die Klüfte der politischen Meinungen, die ganze Familien spalten (S. 64). Feyhan Güver zeichnet bei *LeMan* eine Kolumne mit dem Titel „Wilde Rosen". Es geht um starke Frauen in einem westanatolischen Dorf, die den gängigen Klischees zum Trotz die eigentlichen Machthaberinnen der Dorfgemeinschaft sind. Der Nachmittagsplausch der beiden Frauen kreist um den umstrittenen Besuch des beliebten Schauspielers Şener Şen im Präsidentenpalast von Recep Tayyip Erdoğan (S. 64). Angesichts der repressiven Kulturpolitik der Regierung wurde der Künstler dafür von der Opposition als Wendehals kritisiert. Ipek Özsüslü thematisiert diesen Druck innerhalb des Kultursektors (S. 64). Die regierungsnahen Medien beschuldigten vor dem Referendum einzelne SängerInnen und SchauspielerInnen, sich durch die exponierte Verwendung des Wortes „Nein" in ihren Texten konspirativ gegen das Präsidialsystem zu positionieren. In der Zeichnung von Özsüslü glaubt eine Kundin, ein „Hayır", ein Nein, auf dem verlängerten Rücken des Installateurs entdeckt zu haben, der ihre Waschmaschine repariert, und verdächtigt ihn der regierungskritischen Konspiration.

„Liebe den Beton, spare am Zement, weg mit den Eichhörnchen", schrieb der Satire-Autor Atilla Atalay während der Gezi-Proteste auf den sozialen Medienplattformen, um die rücksichtslose Baupolitik der türkischen Regierung zu kritisieren. Das Motiv wurde mehrfach aufgegriffen. Devrim Kunter zeichnete das expressive Plakat eines berserkerhaften Betonmonsters. (Siehe Illustration oben rechts.) Seine Zeichnung von einer Faust, die ein Eichhörnchen in das Gesicht schlägt, ist bis heute in den sozialen Medien in der Türkei eines der zentralen Symbole zur Charakterisierung der momentanen politische Konflikte. Ein Kampf von David gegen Goliath, den der Größere und Stärkere im Bewusstsein vieler Oppositioneller in der Türkei bislang nur temporär gewonnen hat.

Die Gezi-Proteste sind für viele ZeichnerInnen momentan sowohl eine real erlebte politische Utopie als auch der Beginn der totalen Polarisierung der politischen Lager. Semra Cans biographisch gefärbte Kolumne „böyleykenböyle" („es ist wie es ist") entstand 2013 unter dem Eindruck der Gezi-Bewegung (S. 68). Sie reflektiert den Einfluss jenes Sommers auf ihre Arbeit und fasst in episodenhaften Beispielen einige der zentralen Forderungen zusammen. Die Katzen in der Geschichte stehen als Symbol für die schwächsten aber grundlegenden Elemente für ein funktionierendes Zusammenleben in einer Stadt: den Erhalt der Flora und Fauna. Der Schutz von Bäumen und Straßentieren waren während der Gezi-Proteste zentrale Symbole für die pazifistische und ökologische Orientierung der DemonstrantInnen.

Memo Tembelçizer nutzt seinen Comic-Strip „Utanmadaniddiaediyorum" („Ich sage es einfach, ohne mich dafür zu schämen") bei *Uykusuz*, um Themen aus einer ungewöhnlichen Perspektive zu diskutieren. In dieser Folge suggeriert er, dass Präsident Erdoğan der geheime Drahtzieher der Entstehung eines Gezi-Monsters war (S. 70). Der Zeichner analysiert subtil, wie politische Bewegungen in ihren Ausdrucksformen oft reaktiv auf die staatliche Macht, in der Türkei verkörpert durch Erdoğan, agieren. Die tausend Spottverse und Graffitis über den mächtigsten Mann im Staat haben die Bewegung zwar erfolgreich mobilisiert, aber gleichzeitig auch dessen AnhängerInnen und der Regierung selbst Zündstoff für die heutige Repressionspolitik gegeben.

Zeynep Özatalay, *BirGün*, 22.11.2015

Erdil Yaşaroğlu, *Penguen*, 2017

Selçuk Erdem, *Penguen*, 2017

Mehmet Çağçağ, 2016

Murat Başol, Istanbulgirl, 2014

Behiç Pek, *LeMan*, 2017

Ipek Özsüslü, *LeMan*, 2017

Nie sind wir einer Meinung

Feyhan Güver, *Bayan Yanı*, 2017

Die regierungsnahen Medien verbreiteten vor dem Referendum, dass ein „Hayır" („Nein") im Text Propaganda gegen das Präsidialsystem sei.

Ipek Özsüslü, *Bayan Yanı*, März 2017

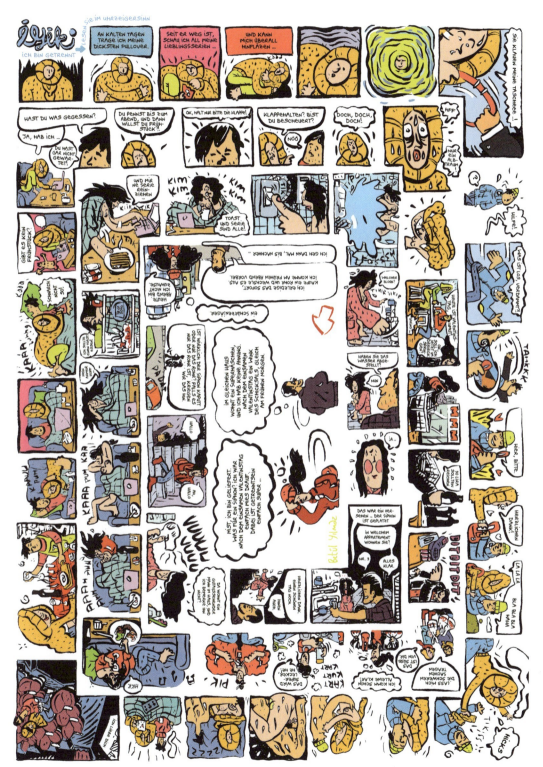

Betül Yılmaz, *Bayan Yanı*, 2017

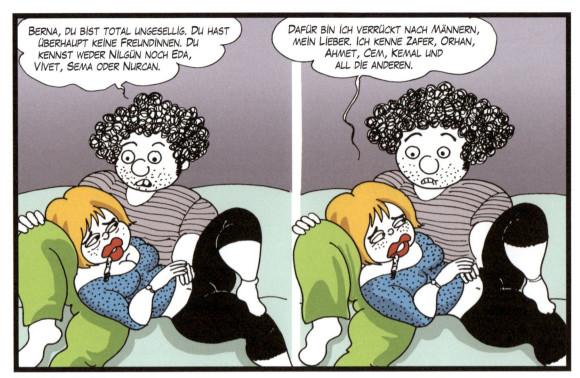

Ramize Erer, *Bayan Yanı*, 2017

Ramize Erer, *Bayan Yanı*, 2017

Devrim Kunter, Atilla Atalay, *Gezi*, 2013

WÄHREND DER GEZI-PROTESTE — JUNI 2013, ISTANBUL

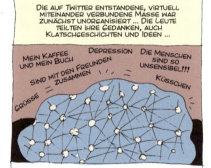

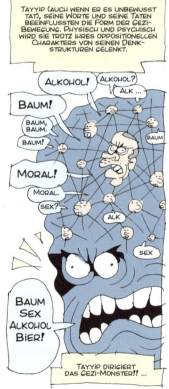

Memo Tembelçizer, *Uykusuz*, 2014

Eine explosive Dynamik …

İltem Dilek, *Uykusuz* 2017

Kapitel 5.
Osmania

Die Anknüpfung an die osmanische Geschichte ist ein zentrales Thema der Islamisch-Konservativen. Im Kulturbereich manifestiert sich das etwa durch Filmproduktionen über Figuren aus der Geschichte, wie Sultan Fatih Mehmet, der 1453 Istanbul von den Byzantinern eroberte. Romane und Serien über die Zeit vor der Republikgründung von 1923 florieren und werden zum Teil großzügig staatlich gefördert. Die CartoonistInnen reagieren mit bissigem Spott auf die Tendenz zur Verklärung in diesen Produktionen. Ihr Fokus liegt vor allem auf der ironisierenden Umkehrung von Herrschaftsstrukturen und der spöttischen Entlarvung von Stereotypen über die Kulturen.

Suat Özkan karikiert die Darstellung der osmanischen Eroberungszüge. Botschafter europäischer Länder werden in Film-Szenen gern an der Hohen Pforte, so hieß der osmanische Hof in Istanbul, vom Sultan gedemütigt. Die Hinrichtung von Abtrünnigen oder Verrätern gehört zum Höhepunkt jeder Handlung aus diesem Themenfeld. In dieser Karikatur hat der Sultan eigentlich keinen Gegenstand zur Bestrafung mehr zur Verfügung, denn sein Gesandter ist bereits geköpft worden. Als der Kopf aber ein ganz und gar ungebührliches Verhalten an den Tag legt, kann der Sultan nicht anders. Er ordnet die Erschießung des Kopfes an. (S. 74) Die vielen historischen Reproduktionen eigener Überlegenheits-Klischees und die dazu benutzten Darstellungen von Exekutionen von Gegnern ist hier Ziel des Spotts.

Die Serie „Harem" von Tuncay Akgün und Kemal Aratan erscheint in der feministischen Satirezeitschrift *Bayan Yanı* im LeMan-Verlag (S. 75). Unbarmherzig machen sich dort die Haremsdamen über den kleinen Sultan lustig. In dieser Serie wird er auf einen Tisch gestellt und tanzt zu Spottversen, die sich über seine Funktion als Herrscher über Kontinente und Meere lustig machen. In der lokalen Filmproduktion erdulden schmachtende Sklavinnen jede Laune des Beherrschers der Gläubigen und bekämpfen durch endlose Intrigen nur einander. In der zeichnerischen Satire sind die Konkubinen des Sultans klar die Überlegenen und haben beim Verschaukeln des Sultans gleichzeitig noch reichlich Spaß.

Links: Nationale Umwälzung, Nr. 5, 1. Juli 1934, Titelblatt
"Die Juden haben jahrhundertelang die Menschheit mit ihrem Todeshauch eingeschläfert und ziehen uns am Perlenhalfter ins Unglück. Die Liebe zur Rasse und zum Nationalismus sind wichtige Heilmitter gegen diese Gefahr.
Rechts: Der Stürmer, Juni 1934, Titelblatt
"Mit offenen Augen ins Verderben rennt / Ein Volk das nicht die Rassenfrage kennt"
Abb. aus: Hatice Bayrakter, Salomon und Rabeka, Berlin, 2006, S. 43

Der Zeichner Bahadır Boysal taucht gern in die türkische Geschichtsschreibung ein. Die sogenannten Çavaklar, die Geschorenen, gab es tatsächlich und auch der zitierte Historiker ist ein realer Zeitgenosse (S. 76). Der Bezug zu den Nazis ist kreative Geschichtsdeutung. Sie bezieht sich allerdings durchaus auf Verbindungen der deutschen und türkischen Geschichte zu Zeiten des Nationalsozialismus. Die pantürkistische Zeitschrift *Milli İnkilap* („Nationale Umwälzung"), die Verbindungen zu den Nazis pflegte, druckte 1934 sieben antisemitische Zeichnungen von Phillip Ruprecht. Der Propaganda-Zeichner fertigte zwanzig Jahre lang bildliche Pamphlete für das nationalsozialistische Wochenblatt *Der Stürmer*. *Milli İnkilap* übernahm einzelne Karikaturen und ganze Titelblätter antisemitischen Inhalts. Bahadır Boysal abstrahiert von der konkreten Historie und stellt in erzählerischer Form die Parallelen und Verbindungen von Kulturmustern in den Vordergrund.

In der Zeichengeschichte „Sozialer Druck" erfindet Boysal einen Zusammenhang zwischen dem sozialen Druck in der zeitgenössischen Türkei und einer angeblichen Schutzmaßnahme der Osmanen bei ihren Eroberungszügen (S. 79). Die Geschichte von den osmanischen Irren, die in feindlichen Dörfern ihr Unwesen trieben, um vor einem Eroberungszug die Dorfbevölkerung zu verjagen und sie so vor den heranrückenden Truppen zu schützen, ist frei erfunden. Boysal stellt allerdings im Subtext der Geschichte eine Verbindung zwischen den Verrücktheiten von heute und von damals her. Die IstanbulerInnen, von denen tatsächlich viele aus der Metropole an die liberalere Südküste ziehen, wirken in der Geschichte fast genauso grotesk wie die angebliche Vorhut der Irren bei den osmanischen Eroberungszügen. Die Sanktionen der türkischen Regierung, die sich angesichts eines auch in Europa üblichen Rauchverbotes in Kneipen und einer Sperrstunde für Alkoholverkauf nach 22 Uhr in Grenzen halten, wird hier zwar aufs Korn genommen. Gleichzeitig kritisiert Boysal aber auch, dass viele StädterInnen, die sich mittlerweile an einen privilegierten Lebensstil gewöhnt haben, angesichts massiver Menschenrechtsverletzungen keine anderen Sorgen zu haben scheinen.

Suat Özkan, *LeMan*, 2017

Tunçay Akgün, Kemal Aratan, *Bayan Yanı*, 2015

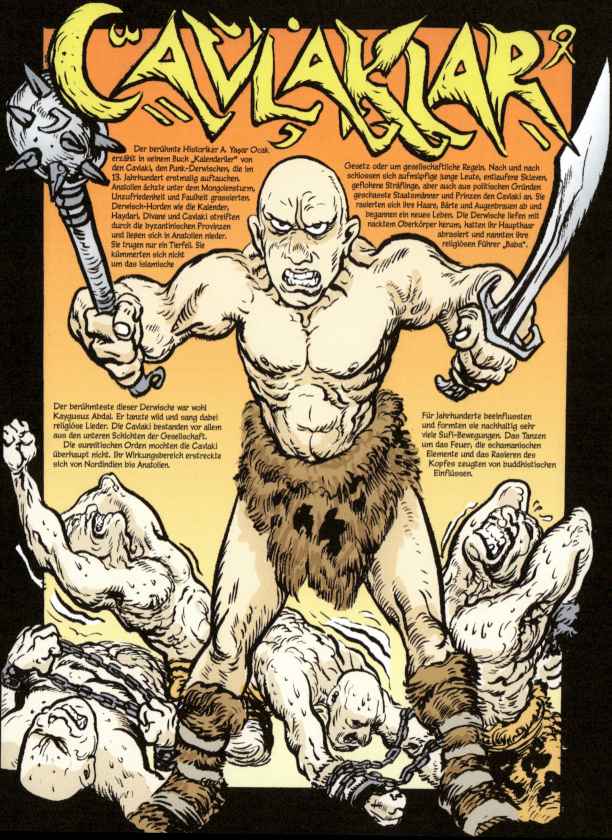

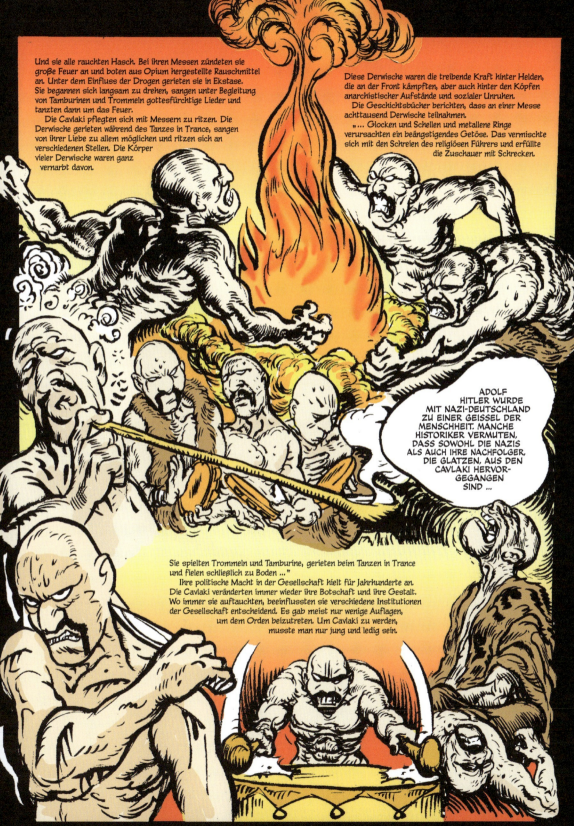

Bülent Üstün, „Karagöz zieht schneller als sein Schatten", *Uykusuz*, August 2015

Kapitel 6.
Fantasia

Ersin Karabulut beschäftigt sich in seiner Reihe „Yeraltı öyküleri" („Untergrund-Geschichten") aus *Uykusuz* häufig mit dem Thema des gesellschaftlichen Konformismus (S. 83). In der Geschichte „Das zweite Gesicht" mutiert ein Missstand zu einer allgemein anerkannten Tugend und wird schließlich zu einer gesellschaftlichen Norm. Es entsteht sogar eine staatlich geförderte Kosmetikindustrie, die Cremes entwickelt, die Gesichter austrocknen und von ihren Besitzern abfallen lassen. Die Metapher von der Gesichtslosigkeit korrespondiert mit dem grassierenden Gefühl der Machtlosigkeit vieler Oppositioneller in der Türkei, sich einem mit Willkür agierenden Machtgefüge unterordnen zu müssen. Das gilt für die Situation im eigenen Land, bezieht sich aber durchaus auch auf die Weltpolitik. Die Türkei befindet sich in direkter Nachbarschaft von politischen Brennpunkten, die Flüchtlingskrise betrifft das Land in viel größerem Maße als Europa, und die hohe Dichte von Terroranschlägen seit 2015 hat die Menschen zermürbt. Gleichzeitig gibt es keine Rückzugsmöglichkeiten. Die repressive Innenpolitik der türkischen Regierung und ihre aggressive Außenpolitik haben innerhalb internationaler Krisen direkte Auswirkungen auf die BürgerInnen des Landes. Die Einbußen im Tourismusgeschäft, der Währungsverfall, die Terrorgefahr, Polizeigewalt und Strafverfolgung bei Aufbegehren prägen die Strukturen in der Türkei. Die Entwicklung fantastischer Geschichten hat enorm Konjunktur, denn sie sind schwerer fassbar, ihre Botschaften stecken in den Metaphern und sind selten eindeutig. Der schwarze Humor Ersin Karabuluts rückt die Geschichte über die verschwindenden Gesichter am Ende in die Rubrik fantastischer Utopie. Der Ich-Erzähler wird zum Mittäter bei der Disziplinierung eines Mitschülers. „Jetzt sind wir alle gleich", heißt der Schlusssatz, nachdem auch der letzte Schüler der Klasse gesichtslos geworden ist. Eine Allegorie für die Harmonie der Anpassung im Unrecht und dementsprechend ein Postulat gegen jede Form von Konformismus, die für autoritäre Staaten und Ideologien typisch sind.

Esin Özbeks Episode aus „Kahlo'lası Frida" versetzt Frida Kahlo in das Istanbul zur Zeit der Gezi-Proteste (S. 84). Sie ist das Alter Ego der Zeichnerin, die den Nachnamen der berühmten mexikanischen Künstlerin mit dem türkischen Wort „Kahrolası" kolportiert. So wird die Titelfigur zu einer „Verdammichten Frida", die an verschiedenen Orten Istanbuls eine Position für ein Selfie sucht. Doch wo sie auch steht, immer erscheint im Hintergrund eine von Gewalt geprägte Szene. In einer beschimpft ein Arbeiter eine Frau, die ihn am Fällen eines Baumes hindern will, in einer anderen wird jemand verprügelt. In der letzten Szene wird Frida über ihr Handy dazu aufgerufen, in den Park zu kommen. Die Menge singt im Hintergrund zwei zentrale Hymnen der Gezi-Bewegung, Fridas innere Stimme erinnert sie an Ankara. Der Schluss bezieht sich auf die Koordination der Proteste über soziale Medien weit über Istanbul hinaus. In vielen anderen Städten und vor allem auch in der Hauptstadt Ankara waren die Menschen solidarisch auf die Straße gegangen. Das Motiv der Frida Kahlo, die in der Türkei als Pendant für eine kämpferische, emanzipierte Frau steht und der Wunsch, an einem Ort zu sein, wo es schön ist, spiegelt die Ideale vieler ehemaliger AktivistInnen der Gezi-Bewegung wider. Der Titel der Geschichte, „Schnappschuss", weist darauf hin, dass jede Gesellschaft eine Utopie braucht. Hier steht das Selfie für den Spiegel, der sowohl die hässliche Gegenwart als auch das vermisste Ideal reflektiert.

Die Episode aus Göksu Güls Comicstrip „Ladylike" aus *Uykusuz* kolportiert ebenfalls die unverhältnismäßige Gewalttätigkeit in der türkischen Lebensrealität (S. 84). Ein harmloses Verkaufsgespräch beim Kauf von Reizgas führt zu einer handfesten Prügelei, nachdem der Verkäufer ein Spray an einem Straßenhund ausprobiert hat. Um sich zu rächen, baut die Protagonistin zum Schluss eine Bombe aus den Verkaufsgegenständen des Ladens und sprengt ihn in die Luft. Im Subtext der Geschichte schlummern viele Anspielungen auf die Gezi-Proteste. Das Reizgas steht hier als Selbstverteidigungsmittel von Frauen gegen männliche Gewalt in Beziehung zu dem während der Proteste exzessiv gegen Demonstranten eingesetzten Reizgas. Auf dem Markt in Karaköy, in dem diese Episode spielt, kauften viele DemonstrantInnen damals ihre Gasmasken in einem seltsamen Milieu. Einige der Händler waren gegen die Proteste, wollten aber dennoch ein gutes Geschäft machen. In der Geschichte wird der Verkäufer in diese Rolle versetzt, indem er ausgerechnet einen Straßenhund mit Reizgas besprüht. In den Vierteln der Proteste avancierten Straßentiere 2013 zum Symbol der unschuldigen Opfer des massiven Reizgaseinsatzes. Der Bezug zum Heute wird am Schluss hergestellt. Die Protagonistin muss mit ihrer Mutter bis nach Brasilien ins Exil flüchten und wird dennoch vom türkischen Geheimdienst „MİT" aufgespürt. Nach den Gezi-Protesten mussten sich viele misshandelte DemonstrantInnen dem Vorwurf der Provokation oder gar der Mitgliedschaft in einer terroristischen Vereinigung stellen. Bis heute diabolisiert die türkische Regierung mit Hilfe der von ihr kontrollierten Justiz Oppositionelle aufgrund ihrer öffentlichen Meinungsäußerung.

Die Zeichner Oky und Galip Tekin verlegen ihre Geschichten in den Weltraum (S. 85 ff). Die Episode über die außerirdischen Astronauten, die in der Umlaufbahn der Erde in einen Sog negativer Energie geraten, der ihnen unausweichlich zum Verhängnis wird, birgt innerhalb der Dialoge viele Anspielungen auf typische Streitsituationen in der Türkei. Die durch die USA bei ihrer Mondlandung heimlich vernichtete Moschee als Beweis für die Erstbesteigung des Mondes durch Muslime in der Geschichte von GalipTekin kolportiert die in der Türkei vom Präsidenten vorgetragenen, eigentümlichen Geschichtsbetrachtungen. 2014 verblüffte Erdoğan die Weltöffentlichkeit mit der Erkenntnis, Kolumbus berichte in seinen Reisetagebüchern von einer Moschee an der lateinamerikanischen Küste. Damit sei erwiesen, dass Muslime Amerika entdeckt hätten. Tekin tritt am Ende der Geschichte selbst in Erscheinung und rückt Erdoğan in die Reihe der in der Türkei bekanntesten Comic-Autoren. Damit thematisiert er uneindeutig und geschickt dessen realitätsferne, populistische Narrationen, ohne Gefahr zu laufen, unter den Hammer der Zensur zu geraten.

Mehmet Çağçağ greift mit „Der Arzt Lokman" die Legende von einem Weggefährten Mohammeds auf, der als Arzt Wunder tut, und dem schließlich das Geheimnis der Unsterblichkeit offenbart wird (S. 88). In der Legende ist die Botschaft des Arztes Lokman, dass die Mission jedes Menschen zur Erlangung der Unsterblichkeit die bedingungslose Nächstenliebe sei: „Zwei Dinge darfst du nie vergessen: Gott und den Tod. Zwei Dinge vergiss sofort: das Gute, das du getan und die Schlechtigkeit, die du gesehen hast." Der Zeichner bezieht sich auf einen der Kernsätze des Sufi-Islams und damit auch auf den Ursprung der Satire im islamisch geprägten Kulturkreis. Der unorthodoxe Sufi-Islam hat in Anatolien eine uralte Tradition. Im dreizehnten Jahrhundert etwa entstanden die Legenden um Nasreddin Hodscha, einen religiösen Lehrer, der wie der abendländische Till Eulenspiegel seine Mitmenschen foppt, um ihre Aufmerksamkeit auf das Wesentliche zu lenken. Der weise Narr und der Hofnarr, das Karagöz-Schattenspiel und das Kasperltheater sind Elemente der Volkskultur, die neben der Unterhaltung auch immer einen anarchistischen, aufklärerischen Impetus in sich trugen. Auch wenn die türkische Satire momentan unter enormem Druck steht, aus der politischen Kultur der Türkei ist sie als zentraler Ort für die Entwicklung gesellschaftlicher Innovation nicht wegzudenken.

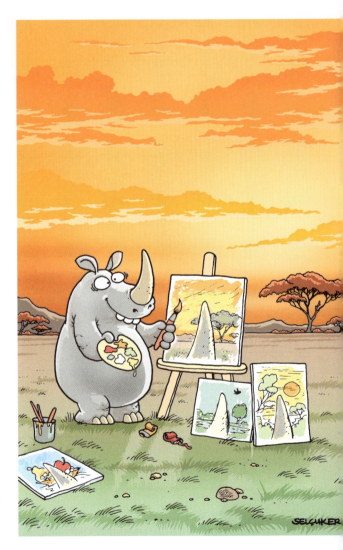

Esin Özbek, *Pulbiber Dergisi*, November 2015

Göksu Gül, *Uykusuz*, 2015

Oky, Uykusuz, 2017

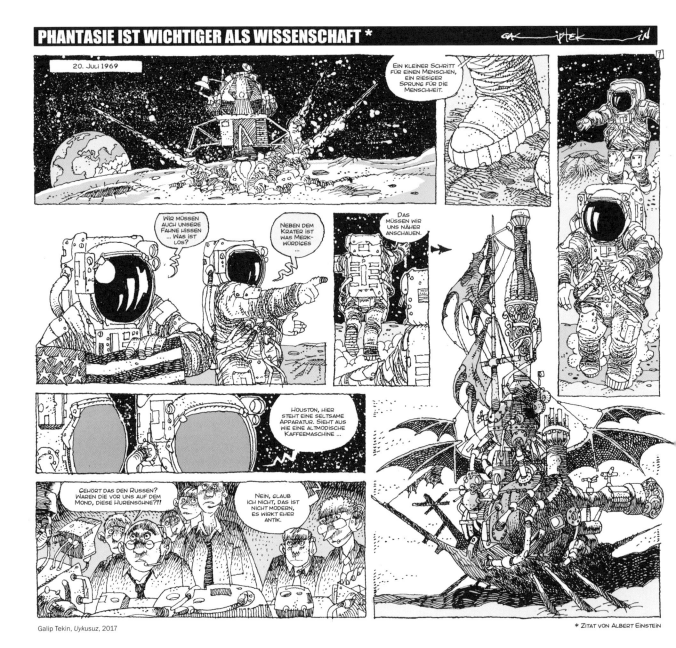

Galip Tekin, Uykusuz, 2017

* ZITAT VON ALBERT EINSTEIN